HISTOIRE

D'UNE

PAROISSE RURALE

DEPUIS 1877

Pour servir à l'histoire politique et religieuse de notre temps

Calomniez! Calomniez!
Il en restera toujours quelque chose.
BEAUMARCHAIS.

❧ ✦ ❧

BORDEAUX
IMPRIMERIE J. DURAND
24, RUE VITAL-CARLES, 24

HISTOIRE

D'UNE

PAROISSE RURALE

DEPUIS 1877

Pour servir à l'histoire politique et religiense de notre temps

Calonniez! Calomniez!...
Il en restera toujours quelque chose.
BEAUMARCHAIS.

—o⊃⟨⟩⊂e—

BORDEAUX

IMPRIMERIE J. DURAND

21, RUE VITAL-CARLES, 21.

HISTOIRE

D'UNE

PAROISSE RURALE

DEPUIS 1877

Pour servir à l'histoire politique et religieuse de notre temps.

***

Le récit que j'ai entrepris de faire dans ces quelques pages, quoique se rapportant à des événements accomplis dans une commune isolée et sans importance, retrace cependant un épisode de la lutte sourde du clergé contre les institutions et les hommes de la République, lutte qui a pour théâtre le hameau aussi bien que la grande ville.

D'autres écrivains ont déjà fait connaître les péripéties de la grande guerre entreprise par le cléricalisme contre l'élément démocratique, je serai seulement l'historien impartial d'un de ces petits combats isolés dont la répétition indéfinie jette à la fin la perturbation la plus déplorable dans notre état social.

C'est surtout pour ouvrir les yeux des personnes qui croient le clergé des campagnes inoffensif qu'il m'a paru utile d'écrire cette relation.

Ce préambule établi, j'entre simplement en matière.

Sous l'ordre moral, de triste mémoire, la commune de Lisse. (Lot-et-Garonne), l'une des moins peuplées du département, car elle possède à peine 350 habitants, vit brusquement son vieux curé mis à la retraite.

Monseigneur l'évêque d'Agen, avec un sans-gêne que connaissent seuls les pachas d'Orient, signifiait à ce prêtre vénérable d'avoir à cesser ses fonctions, et le même jour son successeur arrivait au presbytère et prenait la direction de la paroisse.

. Il va sans dire que le pauvre vieux curé n'avait pas témoigné suffisamment d'antipathie contre le régime politique nouveau, et qu'à la veille des élections législatives il fallait un homme énergique pour entraîner les habitants dans la voie réactionnaire. Emule du fameux Numa Baragnon qui voulait faire marcher la France, l'évêque voulait employer son clergé à faire marcher son diocèse.

Le nouveau venu était un prêtre de combat, missionnaire nomade, improvisé curé pour la circonstance. Malgré ses prédications ardentes et ses obsessions auprès de ses nouveaux paroissiens, le nouvel agent électoral en soutane ne réussit pas dans sa mission, et la commune vota, presque à l'unanimité, pour le candidat républicain, l'honorable M. Fallière.

Voici quelles furent les causes de cet échec :

'Depuis quelques années un riche négociant de Bordeaux, M. V..., était venu s'établir à Lisse. Il avait acheté le vieux château et l'important domaine qui l'entoure; il avait créé une usine, et, vivifiant cette contrée par le travail qu'il procurait aux habitants, il avait acquis dans le pays une influence méritée.

D'un autre coté, le conseil municipal, composé d'hommes intelligents, et déjà partisan des institutions républicaines, avait accueilli avec sympathie le nouveau châtelain, et sous cette double influence, la paroisse tout entière avait méconnu les exhortations du curé.

Enfant perdu de l'avant-garde cléricale, le belliqueux missionnaire alla faire panser ses blessures auprès de son évêque, et, malgré l'insuccès de son entreprise, il dut recevoir la récompense qu'il avait méritée par ses efforts.

Monseigneur d'Agen dut apprendre par son subordonné que le propriétaire du château était inaccessible aux influences cléricales, et, voyant la commune de Lisse échapper à sa domination, il chercha le moyen de la ramener dans le giron sacré.

Dans sa haute sagesse, il ne trouva rien de mieux que de la vouer, malgré elle, au Sacré-Cœur, et il résolut de faire construire à Lisse une église en l'honneur du cœur mystique, et sous le vocable de Sainte-Foy, martyre et protectrice de la ville d'Agen, chef-lieu de son diocèse.

Monseigneur, en homme qui est à la hauteur de son siècle, et en partisan convaincu des doctrines éminemment progressistes du *Syllabus*, semble animé d'une très grande dévotion pour le Sacré-Cœur, cet objet du culte fervent des adeptes de la Compagnie de Jésus.

Il ne doit pas douter que Paris, après l'érec-
de l'église de Montmartre, ne fasse un auto-
da-fé des sectateurs de la libre pensée ; que la ville d'Agen, qu'il dote également d'un temple voué au Sacré-Cœur, ne devienne le boulevard de la catholicité, et enfin qu'en élevant à Lisse une église sous la même invocation, il n'ait promptement raison de l'hérésie républicaine qui a infesté ce pays.

L'occasion se présentait d'une manière exceptionnellement favorable.

La pauvre commune de Lisse avait vu son église ruinée pendant les guerres de religion, et, depuis cette époque reculée, la chapelle du château servait d'église paroissiale.

Jésus-Christ pouvait-il recevoir plus long-temps l'hospitalité sous un toit républicain ? Ce n'est pas que ses ministres eussent à se

plaindre de l'accueil qui leur était fait, car le châtelain s'était toujours montré prévenant envers le desservant précédent, et l'avait aidé autant qu'il lui avait été possible dans l'exercice de son respectable ministère.

M. V... avait fait réparer la toiture et la voûte de la chapelle, et fournissait pour le culte les légers accessoires nécessaires. Avant l'ordre moral, la concorde régnait entre l'église et le château, nul conflit ne s'éleva jamais entre le vieux curé et le nouveau propriétaire qui n'avait rien changé aux anciens usages.

Mettant en pratique l'antique devise du trône et de l'autel : « Diviser pour régner ». Monseigneur envoya à Lisse un nouveau curé, ardent et zélé, qui ne tarda pas à mettre la désunion dans les esprits. Sa mission principale était d'entraîner la commune à faire la coûteuse dépense de la construction de la nouvelle église.

Faisant flèche de tout bois, le nouveau curé se fit autoriser par la Fabrique à vendre des dentelles précieuses données autrefois par les anciens châtelains; il fit appel à la générosité

des paroissiens; et, annonçant qu'il avait déjà
réalisé une somme de 7,000 fr., il présenta,
le 10 mai 1879, à l'approbation du Conseil
municipal, un projet d'église, dont le devis
s'élevait à près de 20,000 fr.

Le Conseil, effrayé par ce chiffre, hors de
proportion avec les ressources de la commune,
refusa de voter le crédit demandé. Le pauvre
budget de la commune est, en effet, à peine
suffisant pour l'entretien de ses chemins
vicinaux

Le 24 juillet suivant, plus de deux mois
après le rejet du projet, M. V... écrivit
au président du Conseil de Fabrique, pour
offrir d'orner sa chapelle d'un chemin de
croix.

Le président ayant demandé à l'évêché
l'autorisation de réunir le Conseil de Fabrique
pour statuer sur l'offre de M. V..., Monseigneur trancha d'office la question en
répondant qu'il ne jugeait pas à propos d'autoriser M. V... à placer un chemin de croix
dans la chapelle, tant qu'elle servirait d'église
paroissiale, attendu que M. le Curé s'occupait

de réunir les ressources nécessaires pour le même objet.

La prévention de l'évêché contre le château était évidente, il dévoilait en cette circonstance la résolution bien arrêtée de rester vis-à-vis de M. V... en état d'hostilité; il semblait dire ainsi, en se rappelant le vers de Virgile :
« *Timeo Danaos et dona ferentes.* »

M. le Curé, de son côté, attisait avec ardeur le feu de la discorde, et, dans une lettre au maire de la commune, tout en le priant d'user de son influence pour éviter un conflit, il représentait M. V... comme ayant des tendances à rétablir en sa faveur les droits seigneuriaux. Il avait appris, disait-il, que M. V... voulait faire don à la chapelle de fonds baptismaux et de tableaux, « et il ne » voyait dans cette offre que le dessein caché » de faire avorter le projet de la nouvelle » église. »

Or, il n'ignorait pas que la proposition de M. V... était postérieure au rejet du projet par le Conseil municipal; son argument était donc d'une bonne foi contestable.

Enfin, dans une circulaire imprimée en-
voyée aux communes voisines, dans laquelle
M. le Curé fait appel à la charité publique
pour recueillir de nouveaux fonds destinés
à la construction de cette église du Sacré-
Cœur, tant désirée, et à laquelle il n'a pas
renoncé, après avoir dépeint en termes élo-
quents la malheureuse situation des habitants
de la paroisse qui négligent tous leurs devoirs
religieux à cause de l'éloignement de la chapelle, il ne manque pas d'attribuer l'échec
de son projet devant le Conseil municipal à
l'influence occulte du château. Dans son
indignation il s'écrie :

« Que M. V... a non-seulement intimidé
» l'Administration municipale, mais encore,
» qu'embrasé d'un zèle subit pour la maison
» du Seigneur, il s'est cru permis de l'orne-
» menter suivant ses caprices, à ses frais et
» deniers, sans en référer au Conseil de Fa-
» brique ni à l'autorité diocésaine, et qu'il
» cherche à persuader à la population qu'il
» est inutile de donner suite au projet de
» construction d'une église du moment qu'il

» se charge de rendre sa chapelle digne du
» culte. »

Enfin il ose dire « Que la population
» oubliant ses devoirs religieux aime mieux
» envoyer ses enfants à l'école *sans Dieu*, qu'à
» l'église. »

Cette circulaire n'est que la répétition,
aggravée par la publicité, de faits inexacts
déjà avancés par M. le Curé dans sa lettre au
maire précédemment citée. C'est peut-être
une sainte calomnie, mais nous sommes dou-
loureusement surpris de voir employer cette
arme par le pasteur de la paroisse. Pour
dégager la vérité, je n'ai en effet qu'à rappeler
les dates déjà avancées.

La délibération du Conseil municipal, reje-
tant le projet est du 10 mai, la lettre d'offre
de M. V... a été adressée au Conseil de
Fabrique le 24 juillet, et M. le Curé n'ignore
ni ces dates, ni celle de la réponse de l'évêché,
faite probablement d'après les renseignements
qu'il a fournis à son supérieur.

C'est donc à tort qu'il avance que M. V...
a offert d'embellir sa chapelle pour faire

avorter le projet de construction de l'église, ce projet ayant été repoussé depuis deux mois par le Conseil municipal quand l'offre s'est produite.

Quant au grief formulé contre des paroissiens plus empressés d'envoyer leurs enfants à l'école qu'à l'église, M. le Curé ne doit attribuer cette indifférence qu'à l'insuffisance de ses moyens de persuasion. Il ne craint pas d'appeler la modeste école primaire que dirige un honnête père de famille, estimé de tous, « École sans Dieu ! » sans doute parce qu'elle n'a pas pour directeur un maître revêtu de la robe d'ignorantin.

Nous croyons, pour notre part, que Dieu jette un regard plus favorable sur l'instituteur dévoué à ses devoirs, quel que soit son habit, plutôt que sur le ministre égaré qui semble oublier le premier des préceptes « Aimez-vous les uns les autres. »

Ainsi donc, Monseigneur l'évêque d'Agen, en employant des subordonnés aussi compromettants et des armes aussi discourtoises, a perdu toutes les chances favorables à la réus-

sites de son projet de construction de l'église
du Sacré-Cœur, à Lisse. De même que sa pre-
mière campagne en faveur de l'ordre moral ne
lui donna que des déceptions, de même cette
seconde campagne en faveur d'un projet si
ardemment poursuivi est destinée à avorter
misérablement, car elle n'a d'autre but que de
faire dépenser inutilement l'argent d'une pauvre commune et de satisfaire une rancune
politique.

Les évêques ont beau avoir à leur service
une armée de prêtres dévoués et fanatiques,
prêts à rallumer la torche des guerres civiles
pour reconquérir la domination sur les âmes
qui échappe au clergé, le bon sens de ceux
qu'ils combattent avec acharnement, la raison
et le progrès des lumières seront plus forts
que le zèle de leurs subalternes.

S'il se présentait de nombreux exemples de
luttes locales semblables à celle-ci, la République débonnaire, qui a récemment augmenté
le traitement des desservants, pourrait s'aper-
cevoir qu'elle joue le rôle de dupe en comblant
de faveurs ses plus dangereux ennemis.

Je me plais à croire que le clergé des campagnes n'est pas tout entier animé contre les républicains d'aussi mauvaises intentions que les séides de monseigneur d'Agen, qui se sont succédés dans la petite paroisse dont j'ai raconté l'édifiante histoire, car il serait déplorable que l'on pût dire de tous les prêtres des petites paroisses : « *Ab uno disce omnes* ». D'après celuici vous pouvez juger des autres.

S'il en était ainsi, la séparation de l'Église et de l'État serait plus proche qu'on ne pourrait le croire.

www.ingramcontent.com/pod-product-compliance
Lightning Source LLC
Chambersburg PA
CBHW061814040426

42447CB00011B/2647